MÉMOIRE

PRÉSENTÉ LE 29 AVRIL ET LE 21 MAI 1838

AUX COMMISSIONS DES CHAMBRES

CHARGÉES DE L'EXAMEN DU PROJET DE LOI RELATIF A LA RÉSIDENCE DES RÉFUGIÉS,

SUIVI DE QUELQUES MOTS SUR LA DERNIÈRE DISCUSSION DE LA CHAMBRE DES PAIRS AU SUJET DE CETTE LOI.

MÉMOIRE

PRÉSENTÉ LE 29 AVRIL ET LE 21 MAI 1838

AUX COMMISSIONS DES CHAMBRES

CHARGÉES DE L'EXAMEN DU PROJET DE LOI RELATIF A LA RÉSIDENCE
DES RÉFUGIÉS,

SUIVI DE QUELQUES MOTS SUR LA DERNIÈRE DISCUSSION DE LA CHAMBRE DES PAIRS
AU SUJET DE CETTE LOI.

Lorsque, en avril **1832**, le Gouvernement présenta à la sanction des Chambres le projet d'une loi de circonstance sur la résidence des réfugiés, réclamant un pouvoir en quelque sorte *discrétionnaire* sur ces étrangers, il n'avait d'autre but que celui de se mettre en garde contre des hommes qu'il ne connaissait pas assez, et de réprimer de leur part toute tentative de troubles ; mais, à côté de cette considération, le Gouvernement en fit valoir une autre non moins importante, celle de donner à cette loi exceptionnelle un caractère *temporaire ;* il garantit en outre à la représentation nationale, que la loi ne serait appliquée qu'aux coupables et que le bien-être des réfugiés n'en souffrirait pas.

Les dispositions de la loi du **21** avril **1832** autorisent le Gouvernement, non-seulement à réunir dans un ou plusieurs endroits les réfugiés, mais en outre à les expulser s'ils ne se rendent pas à leur destination, ou si leur présence devient un sujet de troubles et de désordre.

Cette loi fut votée pour deux ans ; celle du **1er** mars **1834**, en la prorogeant, a ajouté une pénalité d'un mois à six mois d'emprisonnement pour tout réfugié qui n'obéirait pas à l'ordre d'expulsion du royaume ou qui y rentrerait après en avoir été exclu. La dernière clause stipule l'application, s'il y a lieu, de l'art. **465** du Code pénal. Depuis, ces lois ont subi d'autres prorogations pour les années **1837** et **1838**. Aujourd'hui, on vient encore demander aux Chambres, pour la cinquième fois, une nouvelle prorogation pour l'année **1839**.

Avant d'entrer dans l'examen de la question, qu'il nous soit permis d'emprunter les paroles suivantes au député-rapporteur de la Commission chargée, en **1837**, de l'examen du projet de ces lois, pour l'année **1838** (1).

---

(1) Voyez le *Moniteur* du 10 juin 1837.

« Dans un pays comme le nôtre, les lois qui restreignent la liberté et qui
« semblent consacrer l'arbitraire, même pour un temps limité, doivent être
« l'objet d'un sérieux examen. »

C'est donc de ce droit que nous allons user en exposant :

1° La question d'opportunité de la loi ;

2° Le mode de son application actuelle, et la situation présente des
réfugiés ;

3° Les moyens d'atténuer les rigueurs de la loi, si elle devait être
encore maintenue.

Dans l'exposé que nous allons faire, nous serons guidés uniquement par
l'intérêt de la France et celui des réfugiés.

§ 1. *Question d'opportunité de la loi.*

Il est question d'une nouvelle prorogation dans un moment de pleine
sécurité publique, lorsque le petit nombre d'hommes turbulents est éloigné
du royaume depuis plusieurs années ; lorsque le Gouvernement lui-même
rend une pleine et entière justice à la conduite honorable des réfugiés, et
que, sur 5,000 de ces étrangers, il ne s'en trouve pas un qui ait subi une
condamnation pour délit politique. On demande la prorogation, sans égard
à la position toute nouvelle dans laquelle une sévère économie des deniers
de l'État a placé en France les émigrations politiques. Une réduction sen-
sible a été opérée deux fois depuis 1837 sur le modeste subside des réfugiés ; elle est déjà près d'un *cinquième*, et sa proportion ira en augmentant
si le même système de réduction doit être maintenu. C'est donc au moment
où l'existence des réfugiés est en quelque sorte compromise, que le Gouvernement propose à la Chambre de maintenir les restrictions et les rigueurs de la loi du 21 avril, si incompatibles avec la réduction. Il faut, si
l'on veut être conséquent, ou abroger la loi et continuer la réduction, ou
maintenir la loi en laissant dans l'état normal le subside.

Cette incompatibilité a été signalée dans le dernier rapport de la Commission de la Chambre des Députés, chargée de l'examen de la loi du
21 avril : elle est flagrante, on ne peut se le dissimuler. Qu'y a-t-il de plus
arbitraire que toutes ces mesures prises contre eux ? ils ne peuvent, à leur
gré, se choisir une résidence, ni circuler librement dans le pays ; ils ne

peuvent se livrer sans entraves à telle ou telle occupation qui leur procurerait un moyen d'existence ; on leur interdit l'accès de la capitale, sans égard aux plus hautes recommandations, aux plus grandes garanties de bonne conduite et de zèle pour les études ; on laisse ainsi dépérir un certain nombre d'institutions fondées par les réfugiés et pour les réfugiés dans un but d'utilité publique, et spécialement dans celui de morale et de religion, qui impriment une direction sage à l'ardeur de la jeunesse, et servent de puissants auxiliaires au Gouvernement dans la répression morale de toute idée anarchique. C'est cette haute-police morale qui fouille dans les consciences et dans les cœurs, que le Gouvernement devrait protéger au lieu de la plier sous le joug de la loi du 21 avril et la mutiler constamment par son application.

La prorogation périodique de la loi dénature même son caractère temporaire ; il n'y a pas de raison pour que cette prorogation continue cesse jamais si l'on persiste dans le même système. A la fin de l'année 1839, rien ne sera probablement changé si ce n'est la volonté du Gouvernement, ce qui est fort douteux : la conduite des réfugiés, il faut l'espérer, ne lui donnera, pas plus qu'aujourd'hui, de l'inquiétude ; le Gouvernement se déclarera, comme aujourd'hui, dépositaire modéré de la loi, et on viendra, sans doute, demander à la Chambre une nouvelle prorogation jusqu'à la fin de l'année 1840. Il aurait été plus juste et plus rationnel de démontrer la nécessité absolue de la continuation de la loi, plutôt que le désir de la voir maintenue.

D'ailleurs, tout le monde est d'accord sur l'arbitraire de cette loi, sans excepter M. le ministre de l'intérieur lui-même, qui l'a qualifié ainsi à la tribune de la Chambre des Députés l'an dernier (1).

§ 2. *Application actuelle de la loi et situation des réfugiés.*

L'application de la loi du 21 avril est constante, journalière, au lieu d'être seulement exceptionnelle et répressive ; elle ne se borne point à atteindre le coupable, mais elle frappe tous les réfugiés indistinctement dans les plus petits détails de leur vie : elle intervient, comme nous venons

---

(1) Voyez le *Moniteur* de mai 1837.

de le dire, dans le choix de leur résidence, dans leurs moyens d'existence, dans les études auxquelles ils se vouent, dans la nuance de leurs opinions politiques, dans les institutions qu'ils fondent ; dans tout ce qu'ils font et ce qu'ils ne font pas. C'est l'assujétissement le plus complet à l'autorité de la police, c'est la surveillance la plus infatigable exercée sur la personne du réfugié assimilé en quelque sorte à un *repris de justice* dont tous les mouvements sont observés.

Ces vexations qui poursuivent le malheureux réfugié, quelque paisible qu'il soit, lui rendent l'existence insupportable. Nous sommes loin d'accuser les intentions bienveillantes du Gouvernement qui nous sont trop bien connues, mais nous déclarons au nom de la vérité que les meilleurs sentiments du Gouvernement sont impuissants devant les nombreuses tracasseries des agents inférieurs, qui se livrent, en pleine sécurité, à l'arbitraire, sous l'égide tutélaire du pouvoir discrétionnaire accordé par la loi du 21 avril. Quel est le ministre de l'intérieur, ou le directeur de la police du royaume, qui aura le temps et le désir d'entrer dans ces controverses, dans ce dédale, où l'extrême latitude de la loi donne naissance à des abus inséparables de tout pouvoir illimité ?

Les résultats des demandes des réfugiés, qui sont d'autant plus nombreuses que le libre exercice de leur volonté est restreint, sont subordonnés à l'humeur tantôt facile et bienveillante d'un préfet, tantôt au caractère soupçonneux et répulsif d'un autre ; ils portent la couleur de l'administration locale, et la même autorisation qui est refusée dans un département est accordée dans un autre.

Mais, en général, on n'obtient pour réponse qu'un silence imperturbable qui se prolonge indéfiniment. Le pauvre réfugié a beau user plusieurs fois de son droit de pétitionnaire, ses demandes expirent dans les cartons du bureau des réfugiés au ministère de l'intérieur, et, s'il se présente pour avoir la réponse ou connaître l'état de son affaire, il ne parvient jamais à voir le chef du bureau des réfugiés au ministère ; s'il le rencontre, ce qui est très-rare, il a à subir un accueil des moins flatteurs.

Ainsi repoussé de toutes les manières, il languit dans une cruelle détresse et voit tous ses intérêts compromis. Ne pourrait-on pas fixer le jour et l'heure, comme cela se pratique dans toutes les administrations, où le chef de bureau recevrait les visiteurs pour donner à beaucoup d'entre eux la seule satisfaction qui leur reste, celle de savoir pourquoi leurs demandes ont été repoussées, ou donner verbalement certaines explications nécessaires. Quelquefois même, la pétition, renvoyée du ministère au préfet de police, reçoit son entière approbation, et cependant la solution se fait attendre plusieurs mois au détriment du demandeur. Les réponses affirmatives, quand elles sont transmises par les ordres du ministre, éprouvent un très-grand retard, et il arrive souvent que les circonstances étant changées, ainsi que la position du pétitionnaire, il n'en retire aucun avantage.

On ne peut assez appeler l'attention de la Commission de M. le ministre de l'Intérieur sur la manière cavalière avec laquelle des notables réfugiés, comme des généraux ou d'anciens membres de la diète, sont traités par quelqus-uns des agents inférieurs de l'administration; cette conduite contraste singulièrement avec la politesse et l'urbanité françaises.

Un autre point non moins essentiel est relatif au droit d'expulsion sans aucune procédure judiciaire, stipulé par la loi du 21 avril. Il vrai que la conduite paisible des réfugiés donne rarement occasion à l'application de cette loi, mais il est également vrai que cette expulsion s'opère de fait par des moyens détournés dont se servent les agents du pouvoir, dans le but de diminuer progressivement le nombre des réfugiés. Ainsi, des réfugiés qui, répondant à un appel du Gouvernement, se sont enrôlés sous le drapeau français en Afrique, et qui ont, plus tard, combattu dans la légion étrangère en Espagne, se sont vus impitoyablement repoussés de la France et forcés d'accepter des passe-ports pour la Belgique ou l'Angleterre. Ces malheureux, après avoir versé leur sang pour la France, se sont vus ainsi en proie à une affreuse misère. Ce fait est à la fois impolitique et d'une haute inconvenance.

Une autre manœuure que l'on ne peut passer sous silence est celle qui accorde une protection toute particulière à ceux des réfugiés qui désirent quitter la France; c'est le seul cas où les réponses ne se font pas attendre : un encouragement à cette migration est même donné par une avance de subsides. Rien n'est épargné pour faciliter cet éloignement volontaire; une feuille de route avec l'indication des lieux de passage est mise entre les mains du pauvre réfugié, qui ignore les suites fâcheuses de sa démarche. Enfin, quand mieux informé du dénuement affreux dans lequel se trouvent ses compatriotes en Angleterre, il avoue son tort involontaire, en suppliant le Gouvernement de le laisser jouir paisiblement de sa résidence en France, on lui refuse protection, on le jette entre les mains des gendarmes, pour le transporter à la frontière, en laissant figurer le nom de l'expulsé sur les registres des départs volontaires. Ne serait-il pas plus juste, et plus digne de l'hospitalité française, d'éclairer la conscience du pauvre réfugié sur le sort qui l'attend, au lieu d'encourager, par une manœuvre détournée et habile, la demande de passe-port, afin d'opérer plus tard une véritable expulsion. C'est un des plus mauvais services que l'on rend aux réfugiés en Angleterre et à ceux qui voudraient y arriver.

Le gouvernement anglais, menacé par l'accroissement rapide du nombre des réfugiés, s'est vu forcé, dans leur intérêt, de borner à un certain nombre d'entre eux le faible subside accordé par le parlement, moyen auquel il n'aurait point recouru s'il n'avait point à redouter les conséquences de l'encouragement donné par le Gouvernement français : il est même de notre connaissance qu'il prendrait ses mesures pour accorder un subside à *tous* les réfugiés qui se trouvent actuellement en Angleterre s'il avait les garanties nécessaires dans les explications qu'il a demandées au Gouvernement français, et qui mettraient un terme à ce que les réfugiés arrivés en Angleterre puissent alléguer un motif d'expulsion opérée par les ordres du Gouvernement français.

L'expulsion sans aucune forme de procédure judiciaire, telle qu'elle est autorisée par la loi du 24 avril, est un acte du plus insigne arbitraire, puisqu'elle ne tolère pas même une défense de la part de la victime, qui se voit tout d'un coup appréhendée par la force et livrée aux rigueurs d'un nouvel exil. La position du réfugié, dans cette circonstance, est pire que celle d'un *criminel* auquel la loi garantit la liberté de la défense. Les tribunaux, d'après la loi du 24 avril, n'interviennent pas avant l'acte d'expulsion, mais après qu'elle est consommée, dans le cas où l'expulsé *romprait son ban* en rentrant furtivement dans le royaume.

L'expulsion directe ou indirecte, comme celle dont nous venons de parler, est le châtiment le plus sévère que l'on puisse infliger à un réfugié, mille fois pire que la privation du subside et la prison ; c'est à ce châtiment, cependant, que sont exposés ceux des réfugiés dont les opinions et les actes encourent le blâme du Gouvernement, et ceux qui, mal avisés ou mal instruits, ont eu le malheur de témoigner le désir de quitter la France. Il aurait été désirable d'introduire l'action des tribunaux avant l'expulsion pour constater le délit, et d'accompagner l'acte lui-même d'une forme judiciaire.

Le pouvoir discrétionnaire confié au Gouvernement est tellement illimité, qu'en 1836 une expulsion de Paris *en masse, par séries*, devait être opérée par M. le préfet de police qui, dans ce but, avait déjà dressé des listes d'expulsion de tous les réfugiés qui n'ont pu se placer pour se procurer des moyens d'existence, quelque honorable d'ailleurs qu'eût été leur conduite. Ce coup d'État a été éloigné par les plaintes des réfugiés adressées à M. le ministre de l'Intérieur : il a eu, cependant, un commencement d'exécution, et plusieurs réfugiés ont été éloignés de Paris en vertu de ces ordres de la police.

Il est pénible de voir la capitale interdite aux nouveaux réfugiés qui voudraient s'y établir ; ils ont beau exposer la nature des affaires qui les y appellent, l'obligation qu'ils prennent de quitter promptement la capitale, la confiance dont ils sont dignes, leur conduite irréprochable, la perte d'une place lucrative que leur occasionera le refus ; les avantages pour l'émigration de l'admission d'un certain nombre de réfugiés dans les écoles et les institutions de la capitale, admission garantie plusieurs fois par le Gouvernement ; l'intérêt enfin qu'il aurait dû trouver lui-même à seconder les efforts des réfugiés et de leurs institutions, dans lesquelles, comme nous l'avons déjà dit, est imprimée une haute direction préservatrice contre le désordre : toutes les démarches, toutes les tentatives sont repousées et la capitale hermétiquement fermée aux réfugiés qui voudraient y retourner ou s'y établir. Il nous semble, au contraire, que le Gouvernement n'aurait qu'à gagner dans l'admission, à Paris, d'hommes recommandables par leurs talents et leur conduite. Au lieu de s'opposer à l'influence de ces réfugiés, il faudrait, au contraire, l'étendre autant que possible. Le système adopté aujourd'hui est donc contraire au véritable intérêt du Gouvernement et au bien-être de l'émigration. On n'admet point de nouveaux réfugiés à Paris, sous prétexte de ne pas avoir dans la capitale des hommes dont le Gouvernement aurait à se méfier, et l'on refuse l'entrée à ceux qui sont dignes de sa confiance ; on tourne donc dans un cercle vicieux. On a poussé la sévérité à ce point qu'une circulaire de M. le ministre de l'Intérieur a interdit aux préfets la transmission de toute demande faite dans le but d'obtenir l'autorisation de résider à Paris, et un exemple récent, qui vient d'avoir lieu dans un département voisin, en est la preuve la plus évidente. Le préfet local a été réprimandé pour avoir osé faire une démarche en faveur du séjour d'un réfugié à Paris. Toutes ces restrictions ont lieu, comme nous l'avons fait observer dans un moment de la plus grande tranquillité intérieure, lorsque les réfugiés ont prouvé, pendant le cours de six ans et demi de leur séjour en France, qu'ils savent apprécier la protection qu'on leur accorde, qu'ils demeurent constamment étrangers aux partis qui divisent la France et à leurs actes politiques.

Ces rigueurs exercées contre les réfugiés leur sont d'autant plus pénibles que le Gouvernement, tous les ans, rend justice à leur conduite et parle des encouragements qu'il a donnés, et qu'il est prêt à donner pour l'instruction des réfugiés, en les faisant jouir de l'admission dans les différents établissements et institutions en France et notamment dans la capitale. C'est avec un sentiment de gratitude que nous citons les départements de l'instruction publique et du commerce comme ceux où la plus grande protection a été accordée aux réfugiés ; mais, pour être à même d'en jouir, il faut encore pouvoir résider dans la capitale, qui offre, sous ce rapport, les plus grandes ressources.

N'est-il pas admirable que, dans le corps de 5,000 réfugiés polonais accueillis en France, TOUS, en général, aient dignement répondu à l'hospitalité française par leur respect aux lois, par une attitude noble dans leur infortune, par le rejet spontané de toute idée de troubles et de désordre, de toute insinuation dangereuse pour la sécurité du pays, de séduction au milieu de la cruelle misère qui les entoure ? Et si le petit nombre des autres réfugiés étrangers ne donnaient point au Gouvernement les mêmes garanties de bonne conduite, ce dont il est permis de douter, dans ce cas même on ne pourrait pas, sans injustice, rendre solidaires 5,000 réfugiés polonais de la conduite du reste des réfugiés. L'émigration polonaise se distingue par le choix des membres qui la composent : ce sont, pour la plupart, d'anciens fonctionnaires, comme des députés, des sénateurs ou des militaires de tout grade qui forment le noyau de l'émigration polonaise. Le Gouvernement lui-même a déjà émis le vœu d'une assimilation progressive des réfugiés aux nationaux, comme le témoigne le rapport de M. le ministre des finances relatif au budget pour l'année 1838. Pourquoi donc hésite-t-on à l'opérer ? Le moment n'a jamais été plus pro-

pice ; six ans et demi de résidence et d'une surveillance continue ne suffi-
sent-ils pas pour les laisser jouir des charges et des priviléges attachés
au titre de citoyen français? Affranchissez les réfugiés de la position
exceptionnelle que vous leur avez créée, d'une intervention continuelle de la
police, ne vous opposez point à l'admission des réfugiés dans les régiments
français, et les réfugiés auront leur sort assuré, et la France en retirera
un avantage réel. A quoi bon proroger une loi qui, d'après vous, n'est pres-
que point appliquée; la rareté de son application ne démontre-t-elle pas son
inutilité, et surtout en présence d'une autre loi non abrogée (celle de ven-
démiaire an 6), qui autorise le Gouvernement à expulser tout étranger qui
peut troubler la tranquillité publique? Le Gouvernemunt est donc suf-
fisamment armé contre les fauteurs de troubles; il n'a pas besoin d'un sup-
plément de force.

L'émigration polonaise a plus que jamais besoin de procédés réguliers,
exempts de l'arbitraire des agents du pouvoir : elle demande à sortir une
fois pour toutes de ce provisoire, de ces fluctuations, de ces humiliations,
de ces pertes de temps, de cette gêne de toute espèce, de ce surcroît de
misères qui accablent le réfugié; il faut qu'il sache à quoi s'en tenir, il faut
qu'il soit rassuré sur son séjour et indépendant de telle ou telle intrigue
de bureaux, de telle ou telle négligence d'un agent de l'autorité, qui aujourd'hui exerce une aussi grande influence sur le sort du réfugié! Sa pétition à M. le ministre a une plus grande importance qu'on ne se plaît à le
reconnaître : le refus de l'autorisation pour tel ou tel lieu de résidence,
d'un encouragement qu'il sollicite pour pouvoir se procurer par le travail
un moyen d'existence, d'un subside que réclame sa misère, ne sont point
des sujets qui doivent se traiter à la légère : il s'agit de l'existence de ces
étrangers que la France veut protéger, qu'elle veut secourir. Les agents du
pouvoir sont responsables des actes de leur administration, des refus in-
justes, des lenteurs extraordinaires qu'ils apportent dans les affaires, des
refus de réponse, du manque d'égard et de bienséance envers de malheureux exilés, circonstances qui compromettent toutes, si gravement, les intérêts de plusieurs mille de ces étrangers.

La connaissance intime de ces faits, qui sont de la plus grande exac-
titude, fixera, nous aimons à le croire, l'attention de la Chambre et du
Gouvernement, dont la bienveillance et la protection sont si bien acquises

aux réfugiés. C'est dans cet esprit, et non dans celui de récrimination que nous traçons ces lignes, pleinement convaincus que notre tendance et notre démarche auront l'assentiment général.

§ 3. *Atténuation possible des rigueurs de la loi.*

D'après ce qui vient d'être exposé, il nous paraît clairement démontré que la loi du 21 avril est tracassière, inopportune, inutile, contraire au bien-être des réfugiés, et donnant lieu à de graves abus. Cependant, si les chances de son abrogation complète n'étaient pas bien assurées, il y aurait encore un moyen d'atténuer les rigueurs de la loi dans son application. Ainsi, on pourrait soustraire à l'action de la loi ceux des réfugiés qui pourraient prouver trois ans de résidence en France, ou de service militaire sous les ordres du Gouvernement français, jusqu'au jour de la prorogation de la présente loi, en laissant en vigueur, pour l'avenir, la même exception. Cette disposition aurait l'avantage de répondre parfaitement au but que l'on s'est proposé par la création de cette loi ; savoir, à prémunir l'État contre les fauteurs de troubles. Les réfugiés dont le Gouvernement n'a pas eu à se plaindre, pendant trois ans de leur résidence en France, ont droit à une certaine confiance pour l'avenir ; ce ne sont pas eux qui iront abuser du fruit de leur conduite, et qui se rendront indignes de la protection du Gouvernement. Cette mesure servira en même temps d'encouragement pour les réfugiés, et les engagera à bien faire. D'ailleurs, son importance réelle pour l'avenir diminue à raison des chances qui font espérer, à la session prochaine, l'abrogation entière de la loi, si nous devons juger d'après le progrès toujours croissant de l'opinion publique contre son opportunité.

Son application ne devrait atteindre que les hommes turbulents, au lieu de frapper la masse des réfugiés sans distinction ; c'est ainsi que l'exception d'aujourd'hui deviendrait une règle, et la règle une exception, moyen sûr d'atténuer en grande partie la rigueur de l'application de la loi.

En résumé, le séjour à Paris serait subordonné à une autorisation spéciale accordée toutes les fois qu'il n'y aurait point de griefs contre le réfugié ; la liberté de se mouvoir dans l'intérieur du pays dépendrait d'un avis préalable donné au préfet local sans un recours spécial au ministre, ce qui est l'occasion d'un très-grand délai ; l'expulsion du royaume n'aurait

jamais lieu envers les réfugiés qu'après la preuve de l'existence du délit,
avec la liberté de la défense, et une certaine procédure au moins adminis-
trative, sinon judiciaire; en outre, elle ne frapperait jamais ceux des réfugiés
qui, dans l'ignorance de la situation malheureuse dans laquelle se trouvent
leurs compatriotes en Angleterre, auraient témoigné le désir de s'y rendre;
elle n'aurait pas lieu à plus forte raison envers ceux d'entre eux qui ont été
enrôlés au service militaire par la suggestion du Gouvernement français, soit
à Alger, soit en Espagne. L'admission en France ne serait point refusée
aux réfugiés qui se mettent sous sa protection pour éviter une déportation
autrichienne en Amérique (1), ou qui désirent arriver en France après avoir
fait un séjour plus ou moins long en Angleterre, et surtout s'ils faisaient
valoir des considérations dignes d'un intérêt particulier, comme leurs services
dans l'armée française. Les réfugiés seraient traités avec égard; leurs
affaires affranchies des retards qui portent un si grand préjudice à leurs intérêts; leur admission personnelle auprès des agents de l'autorité serait
subordonnée à certains réglements; un encouragement et une protection
spéciale seraient accordés aux institutions fondées par des réfugiés dans le
but de propager l'instruction et un bon esprit parmi leurs compatriotes, et
à ceux des réfugiés qui voudraient se livrer aux études et à l'apprentissage
des métiers; une surveillance particulière serait exercée sur les agents inférieurs du pouvoir chargés de l'application de la loi; on se relâcherait de ces
rigueurs à mesure de la réduction croissante du subside.

Tels sont, en substance, les vœux, la position et les besoins des réfugiés
qui jouissent de la protection de la France, puissent-ils être bien accueillis
de la Commission et de la Chambre.

QUELQUES MOTS SUR LA DERNIÈRE DISCUSSION

DANS LA CHAMBRE DES PAIRS, AU SUJET DE LA LOI DU 21 AVRIL.

Au moment où la Chambre des Députés va être saisie de l'examen de la loi
sur la résidence des réfugiés, au moment où une nouvelle sanction vient d'être
accordée à la réduction progressive de leurs subsides, nous croyons devoir

---

(1) C'est le cas d'environ 150 réfugiés polonais qui se trouvent actuellement à Trieste,
et qui vont subir une déportation en Amérique, si le Gouvernement français s'oppose à
leur entrée en France.

consacrer quelques mots aux discussions qui ont eu lieu dans la Chambre des Pairs au sujet de cette loi, en prenant acte des sentiments exprimés en faveur des réfugiés, et en rectifiant les erreurs qui ont pu se glisser dans le rapport de la Commission de la Chambre des Pairs et dans les discours de M. le Ministre de l'Intérieur.

La Chambre des Pairs a rendu dans les discours de ses différents membres un témoignage éclatant de la vive sympathie qui l'unit à la cause polonaise et aux réfugiés. Le Gouvernement, de son côté, a déclaré qu'il s'associait de tout son cœur à ces sentiments. On ne peut donc assez regretter que ces bonnes dispositions n'aient point atténué une loi qui porte le plus grand préjudice au bien-être des réfugiés.

Le rapport de la Commission de la Chambre des Pairs a signalé quelques abus de l'autorité auxquels sont exposés les réfugiés, il a flétri la conduite des agents inférieurs qui n'ont pas assez d'égards pour d'aussi hautes infortunes; il a fait sentir enfin toute l'injustice de la réduction des subsides en présence d'une loi exceptionnelle qui s'oppose à la liberté de travail et à la libre circulation.

Voici maintenant ce que nous croyons devoir reprendre dans le rapport de la Commission et dans les paroles de M. le Ministre.

Il n'est pas exact de dire : que la loi est prorogée pour la troisième fois, quand sa prorogation est proposée pour la cinquième ; que les réfugiés n'ont qu'à se louer de l'autorité, quand de nombreux faits, présentés aux Commissions, constatent les abus des agents subalternes, contrairement à la bienveillance pour les réfugiés que dit avoir le Gouvernement. Il n'est pas non plus exact d'avancer que les établissements nationaux sont ouverts aux réfugiés, lorsque plusieurs villes leur sont à peu près interdites ; qu'un esprit *national* ou *aristocratique* est aux réfugiés un obstacle pour se livrer au travail, lorsque nous voyons d'anciens fonctionnaires, des généraux et des officiers de tout grade, travailler dans des ateliers, des manufactures, des imprimeries et des bureaux. On ne peut non plus soutenir que *tous* les réfugiés *ex-légionnaires* d'Alger et d'Espagne ont reçu l'autorisation de demeurer en France et de jouir du subside, lorsque, à leur arrivée, des ordres ont été transmis de les diviser en trois catégories, et de n'en laisser en France qu'un petit nombre ; que la centralisation est favorable aux réfugiés, lorsqu'elle les gêne dans leurs mouvements, et qu'elle apporte une grande lenteur dans leurs relations avec l'autorité; que la Belgique n'accorde pas de subside, lorsque le contraire est avéré; que les réfugiés sortis de France pouvaient y rentrer; que les vœux des réfugiés, formulés dans le présent Mémoire, n'ont pas été exposés au ministre; que les réfugiés rédigent des publications périodiques contraires aux intérêts du Gouvernement; qu'il y a un grand espoir d'amnistie pour les réfugiés, lorsqu'elle n'est ni demandée ni accordée, et qu'il n'y a aucun espoir qu'elle le soit, surtout pour l'émigration polonaise; qu'il y a danger à louer trop la conduite des réfugiés polonais, lorsque l'expérience nous prouve que, depuis sept ans, cette consolation apportée à leur infortune n'a produit d'autre effet que de les rendre de plus en plus dignes de la sympathie nationale; enfin que 5,000 réfugiés étaient prêts à protester contre la prorogation de la loi par leur sortie du royaume. Nous ne pouvons assez protester contre cette dernière imputation, que nous assurons être absolument contraire à la vérité.

Nous relevons ces inexactitudes, autant dans l'intérêt du Gouvernement, protecteur naturel des étrangers qu'il a accueillis, que dans celui des réfugiés. Il ne faut pas aggraver leur position par des accusations ou des assertions légères; elle est déjà assez malheureuse pour exiger toute sorte de ménagements. Espérons que la Chambre des Députés accueillera ce cri de douleur, ces vœux légitimes, et qu'elle rendra justice à la conduite paisible et honorable des réfugiés, par l'atténuation de la loi, si ce n'est par sa complète abrogation.

Paris, le 1er juin 1838.

Imprimerie de Trousset, rue St.-Guillaume, 21.